Inhaltsverzeichnis

Vorwort

Liebe Kolleginnen und Kollegen,

zur Mitte des vierten Schuljahres müssen sich Kinder und Eltern für eine weiterführende Schule entscheiden. Auch wenn der einmal eingeschlagene Weg nicht endgültig ist, entscheidet er bei vielen Kindern bereits über die späteren Ausbildungsmöglichkeiten.

Diese Materialien sollen den Kindern helfen, konkrete Vorstellungen von unterschiedlichen Berufen zu erlangen und sich über verschiedene Berufe auszutauschen. Einige Kinder haben vielleicht schon einen Berufswunsch, andere haben sich mit diesem Thema noch nie beschäftigt. Sie haben hier die Möglichkeit, ihre persönlichen Fähigkeiten und Interessen mit den unterschiedlichsten Berufen abzugleichen.
Auch sollen die Kinder erste Informationen über den Zusammenhang von Verdienst und Kaufvermögen erlangen sowie realistische Vorstellungen von Gehältern erwerben.
Außerdem informieren sich die Kinder über die unterschiedlichen Ausgestaltungen von Berufen im Wandel der Zeit und im Vergleich zu anderen Ländern. Weiterhin lernen sie unterschiedliche Arbeitsbedingungen kennen und hinterfragen sie kritisch.
Bei den Experimenten probieren sie sich in der einen oder anderen Berufsgruppe aus. Vielleicht besteht auch die Möglichkeit, innerhalb der Reihe zum Thema „Beruf und Arbeit" einige Betriebe zu besuchen oder Eltern einzuladen, die von ihrem Beruf erzählen.

Ich wünsche Ihnen mit der Arbeit an dieser Lernwerkstatt viel Freude und hoffe, dass sie Ihnen eine Arbeitserleichterung ist.

Sabine Eickholt

Tipps zur Organisation der Lernwerkstatt

Bereiten Sie vor der Arbeit mit der Lernwerkstatt alle Arbeitsmaterialien vor. Kopieren Sie die Arbeitsblätter in entsprechender Anzahl und sortieren Sie diese in frei zugänglichen Ablagen vor. Die Auftragskarten können auf festes Papier kopiert und an den Ablagen angebracht werden. Es bietet sich an, bei Aufgaben ohne Selbstkontrolle Lösungsblätter (s. S. 52) anzufertigen und unter die Ablagen zu legen. Somit können sich die Kinder eigenständig kontrollieren.
Auch das „Lerntagebuch zum Thema ‚Beruf und Arbeit'" (s. S. 6) sollte vorab in entsprechender Anzahl kopiert werden. Sie können das Lerntagebuch auch unabhängig von den Arbeitsaufträgen der Stationen nutzen. Beispielsweise geben Sie den Kindern am Ende einer Stunde 5–10 Minuten Zeit, um in ihren Lerntagebüchern den jeweiligen Lernfortschritt zu notieren.
Für die Lernwerkstatt sollten Sie einen Zeitraum von mindestens vier Wochen einplanen. Zu Beginn können Sie mit Hilfe des Werkstattplanes (s. S. 5) die Aufgaben in Wahl- und Pflichtaufgaben einteilen. Hier können Sie individuell verfahren oder für alle Kinder bestimmte Kernaufgaben als Pflichtaufgaben kennzeichnen.
Auch sollten Sie mit den Kindern den festen Zeitrahmen für die Arbeit an der Werkstatt absprechen. Es bietet sich an, am Ende jeder Unterrichtsstunde 10–15 Minuten Zeit einzuplanen, in der die Kinder reflektieren und präsentieren können. So können Lerninhalte gefestigt und auch kleinere Diskussionen geführt werden (z. B. zu Werkbereich 12: „Zwei Familien, zwei Einkommen").
Um weitere Anregungen zum Thema „Beruf und Arbeit" zu erlangen, bietet sich ein Thementisch mit Sachbüchern an. Dazu können vielleicht auch die Kinder Bücher mitbringen.

Hier finden Sie eine Auswahl an Kindersachbüchern zum Thema:

- Aditi Kataria: Pinos Kinderratebücher: Berufe, die uns in der Stadt begegnen – Community helpers. Edition Aumann, Coburg und Bamberg, 2015
- Andrea Erne: Alles über die Polizei (Wieso? Weshalb? Warum? Band 22). Ravensburger Buchverlag, Ravensburg, 2008 (Aus dieser Reihe gibt es Bücher zu den unterschiedlichsten Berufsfeldern: Zirkus, Feuerwehr, Flugzeuge u. v. m.)
- Ralf Butschkow: Lesemaus: Ich habe einen Freund, der ist Feuerwehrmann. CARLSEN Verlag, Hamburg, 2002 (Diese Bücher gibt es zu den unterschiedlichsten Berufen: Polizist, Imker, Kapitän, Astronaut u. v. m.)
- Silvie Sanza: Was arbeitest du? Das große Buch der Berufe. Ravensburger Buchverlag, Ravensburg, 2017

Internetadressen für Kinder:
www.kidsweb.de/berufe_spezial/berufe_spezial.html
http://t1p.de/rt57 (Medienwerkstatt)

Internetadresse für Lehrkräfte:
vs-material.wegerer.at/sachkunde/su_berufe.htm

Hinweise zu den einzelnen Werkbereichen

Zu „Lerntagebuch zum Thema, Beruf und Arbeit'", S. 6: Bitte kopieren Sie das Deckblatt in entsprechender Anzahl und heften Sie je ein Deckblatt mit Hilfe eines Langarmtackers gemeinsam mit weiteren leeren Blättern in der Mitte zusammen.

Zu „Einladung zum Tag der Berufe", S. 7: Es ist für die Kinder häufig nachhaltiger vermitteltes Wissen, wenn sie die Möglichkeit haben, sich interessengelenkt zu informieren. Der Tag der Berufe bietet den Kindern die Möglichkeit, sich selbst einzubringen und Menschen in der Schule zu befragen. Überlegen Sie vor dem Beginn der eigentlichen Lernwerkstatt einen möglichen Termin und geben Sie diesen den Kindern bekannt.

Zu „Interview-Fragebogen", S. 8: Auch dieses Arbeitsblatt bietet sich dazu an, um mit allen Kindern vor Beginn der eigentlichen Lernwerkstatt das Thema „Beruf und Arbeit" zu besprechen.

Zu Werkbereich 2: „Berufe-Kartei", ab S. 9: Kopieren Sie die Seiten 21 – 24 und legen Sie die Berufe-Kartei für die Kinder bereit. Laminiert sind die Karten haltbarer.

Zu Werkbereich 3: „Das möchte ich werden", S. 10: Zu diesem Angebot sollten den Kindern Computer und Sachbücher sowie Stifte und festeres Plakatpapier oder Papier für Stichwörter zur Verfügung gestellt werden.

Zu Werkbereich 4: „Der passende Beruf", S. 10: Kopieren und laminieren Sie das Angebot ein- oder zweimal. Legen Sie den Kindern einen wasserlöslichen Folienstift dazu.

Zu Werkbereich 5: „Berufe raten", S. 11: Kopieren Sie die Karten einmal auf festes Papier. Wenn Sie diese noch laminieren, sind sie haltbarer und können von allen Kindern zum Spielen genutzt werden.

Zu Werkbereich 12: „Zwei Familien, zwei Einkommen", S. 14: Es bietet sich an, nach der Lernwerkstatt gemeinsam mit den Kindern zu reflektieren, ob Geld und Glück zusammenhängen, wann das so sein kann und dass dies nicht immer so ist.

Zu Werkbereich 16: „Brücken bauen – Versuche dich als Architekt / -in und Ingenieur / -in", S. 16: Für dieses Angebot benötigen die Kinder neben einfachem Papier auch Spielzeugautos aus Metall. Legen Sie beides dazu. Die Kinder versuchen sich mit einfachen Werkstoffen selbst als Brückenbauer. Hierbei ist es wichtig, die Kinder eigenständig ausprobieren zu lassen. Beachtet werden sollte, dass die Kinder durch Falten und Kleben des Papiers die Stabilität der Brücke erhöhen können. Auch sollten die Kinder eine sinnvolle Brückenform (Bogen- oder Balkenbrücke) auswählen. Das Auto übt dort die meiste Kraft auf die Brücke aus, wo sich das Papier am stärksten durchdrückt. Im Idealfall wird die Kraft durch Bögen und Pfeiler so verteilt, dass kein Durchdrücken des Autos zu erkennen ist.

Zu Werkbereich 17: „Stoffe trennen – Versuche dich als Chemiker / -in", S. 17: Die Kinder benötigen für dieses Experiment zwei feuerfeste Gläser, 1 EL Sand, 1 EL Salz, 50 ml Wasser (möglichst in einer Plastikkanne), Filterpapier, ein Stövchen, eine kleine Kerze oder ein Teelicht, einen Rührlöffel sowie ein Feuerzeug. Bitte richten Sie einen Experimentiertisch ein, den Sie gut im Blick haben, und **halten Sie als schnelle Löschhilfe einen Eimer Wasser bereit.**
Es sollte darauf geachtet werden, dass das Gemisch so lange gerührt wird, bis sich das Salz vollständig im Wasser gelöst hat. Im Filter bleibt dann nur der Sand zurück. Durch das Erhitzen des Wassers verdunstet es. Im feuerfesten Glas sollte dann nur noch das Salz übrig bleiben.
Die Kinder nutzen ein Verfahren, das Chemiker zur Trennung von unterschiedlichen Bestandteilen verwenden. Auf diese Weise wird auch Meersalz gewonnen.

Zu Werkbereich 19: „Mein Berufe-Stammbaum", S. 18: Hier werden nur wenige Kinder die Möglichkeit haben, alles auszufüllen. Das Angebot sollte daher als Wahlaufgabe gekennzeichnet sein oder als freiwillige Hausaufgabe ausgeteilt werden.

Werkstattplan: Beruf und Arbeit

von: ____

Nr.	Werkstatt-Angebote	bearbeitet am	Unterschrift
1	Welche Berufe kennst du?		
2	Berufe-Kartei		
3	Das möchte ich werden		
4	Der passende Beruf		
5	Berufe raten		
6	Warum arbeitest du?		
7	Berufe für Männer und Frauen		
8	Das verdiene ich		
9	Arbeitskleidung		
10	Der Landwirt – hier und auf Madagaskar		
11	Handel – Produktion – Dienstleistung		
12	Zwei Familien, zwei Einkommen		
13	Wo kann ein Tischler arbeiten?		
14	Carl Benz – Erfinder des Autos		
15	Der Bergmann – Ein Beruf stirbt aus		
16	Brücken bauen – Versuche dich als Architekt / -in und Ingenieur / -in		
17	Stoffe trennen – Versuche dich als Chemiker / -in		
18	Suchsel: Körperliche oder geistige Arbeit?		
19	Mein Berufe-Stammbaum		
20	Feuer löschen im Wandel der Zeit		
21	Verschiedene Arbeitsformen		

Lerntagebuch zum Thema

„Beruf und Arbeit“

Name:

____

Klasse:

____

Name: ______________________ Datum: ______________

Einladung zum Tag der Berufe

Gestalte eine Einladung zum Tag der Berufe.

Tipps:

- Lade jemanden ein, für dessen Beruf du dich interessierst.
- Teile ihm die Uhrzeit, den Tag und den Ort eures Treffens mit.
- Erkläre genau, was dich an dem Beruf interessiert. Sammle hierfür Fragen.
- Bitte deinen Besucher, in seiner Berufskleidung zu kommen.
- Erkläre ihm auch, wie lang sein Vortrag dauern darf.

Liebe / r ______________________,

am ______________________

zwischen ______________ und ______________ Uhr

findet in der ______________________

der **Tag der Berufe** statt.

Ich möchte Sie / dich gern einladen, weil mich der Beruf

______________________ sehr interessiert.

Wir haben folgende Fragen an Sie / dich:

____

____

____

____

____

____

Denk(en Sie) bitte daran,

____

______________________.

Name: ______________________ Datum: ______________

Interview-Fragebogen

1. Gestalte einen Interview-Fragebogen. Nutze ihn am Tag der Berufe oder befrage Menschen außerhalb der Schule damit.
2. Schreibe mit Hilfe deines Fragebogens eine Karteikarte für das Werkstatt-Angebot 2 „Berufe-Kartei“.

Tipps für Fragen:
- Wie sieht der Tag eines / einer … aus?
- Was sollte ich gut können, um in diesem Beruf zu arbeiten?
- Wann kann ich in diesem Beruf nicht arbeiten?
- Gibt es eine Arbeitskleidung?

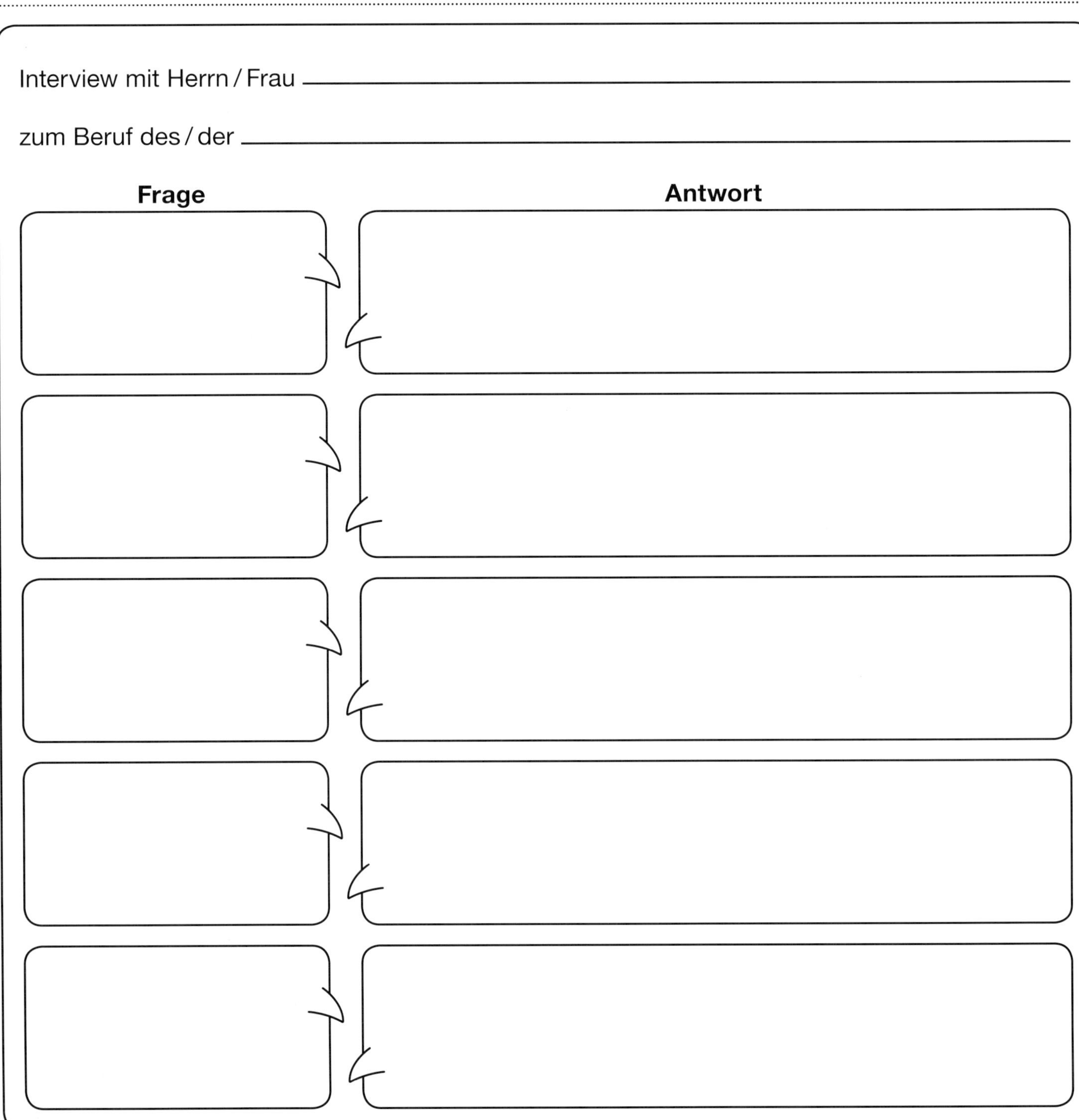

Welche Berufe kennst du?

1. Welche Berufe fallen dir ein? Schreibe sie in die Mindmap.
2. Suche dir einen Partner.
   Stellt euch eure Ideen aus der Mindmap vor und ergänzt sie.
3. Sucht euch einen anderen Partner.
   Stellt euch eure Ideen vor und
   ergänzt sie noch einmal.

Berufe-Kartei

1. Lies die Texte auf den Karteikarten.
   Welcher Beruf interessiert dich besonders?
2. Fülle dazu den Berufe-Steckbrief aus.
3. Male oder klebe ein Bild dazu auf.
   Vielleicht findest du in einer Zeitschrift ein Bild,
   das du ausschneiden kannst.

Das möchte ich werden

1. Was möchtest du gern werden? Informiere dich in Büchern oder im Internet über deinen Traumberuf. **Tipp:** Schaue zum Beispiel unter *www.fragfinn.de* oder *www.blinde-kuh.de* nach.

2. Gestalte einen Stichwortzettel oder ein Plakat zu deinem Traumberuf.

3. Halte einen Vortrag über deinen Traumberuf.
   Halte deinen Vortrag vor mindestens vier Mitschülern oder haltet die Vorträge nach Absprache vor der ganzen Klasse.

Tipps:
- Gestalte dein Plakat klar und lesbar.
- Nutze den Interview-Fragebogen, Stichwortzettel oder die Berufe-Kartei für deinen Vortrag.
- Sprich deutlich.
- Schaue die anderen Kinder beim Sprechen an.

Der passende Beruf

1. Lies die Texte über die Hobbys und Vorlieben der sechs Kinder.
   Was meinst du: Was möchten sie einmal werden?

2. Wähle aus der Liste der Berufe unten den jeweils passenden aus und schreibe ihn auf die Linie. Achte auf die männliche oder weibliche Form.

3. Schreibe in dein Lerntagebuch, warum die Kinder diesen Beruf erlernen möchten. Gehe so vor:

   1. Lisa möchte … werden, weil …
   2. Max möchte … werden, weil …

Kfz-Mechatroniker / -in • Friseur / -in • Fotograf / -in • Polizist / -in • Kinderarzt / -ärztin • Tierarzt / -ärztin

Berufe raten

Vorbereitung:
Suche dir drei Mitspieler. Bildet zwei Pärchen.

Spielanleitung:
Beschreibe den Beruf auf deiner Karte.
Die Wörter unter deinem Beruf darfst du aber nicht benutzen.
Ein Gegenspieler kontrolliert, ob du die Wörter doch sagst.
Die anderen zwei Spieler raten, welchen Beruf du meinst.
Errät dein Mitspieler den Beruf, so habt ihr einen Punkt.
Errät ihn dein Gegenspieler, bekommt diese Mannschaft einen Punkt.
Wechselt euch jeweils ab.
Gewonnen hat die Mannschaft, die als Erstes drei Punkte hat.

Warum arbeitest du?

1. Lies die Sprechblasen. Die Menschen erzählen dir, warum sie arbeiten gehen.

2. Unterstreiche in den Textblasen die Gründe, warum sich das Arbeiten für diese Menschen lohnt.

3. Schreibe in dein Lerntagebuch, warum es sich lohnt, arbeiten zu gehen.
   Schreibe auch auf, warum du selbst einmal arbeiten möchtest.

Berufe für Männer und Frauen

1. Lies die Texte genau.

2. Bist du ein Mädchen, schreibe einen der Texte in weiblicher Form in dein Lerntagebuch. Bist du ein Junge, schreibe ihn in männlicher Form auf. Nutze Personalpronomen, um deinen Text abwechslungsreich zu gestalten. Lies dazu den Text im Kasten:

> **Personalpronomen** (ich, du, er, sie, es, wir, ihr, sie) nutzt du anstelle eines Nomens, damit du dieses nicht immer wiederholen musst. Sie sorgen auch dafür, dass Texte nicht so langweilig klingen. Sie werden im Satz kleingeschrieben.
>
> **Beispiel:** Alexander möchte Lehrer werden. Hierfür muss **er** studieren. **Ihm** gefällt an dem Beruf, dass **er** Kindern etwas beibringen kann.

Zusatzaufgabe:
Früher sollten Frauen den Haushalt führen und die Kinder erziehen. Man glaubte auch, dass manche Berufe nur von Männern ausgeübt werden können, da diese stärker sind als Frauen. Wie findest du das? Schreibe deine Gedanken in dein Lerntagebuch.

Das verdiene ich

1. Lies den Text.

2. Schaue dir die Tabelle genau an.

3. Sortiere die Berufe nach dem Geld, das man verdient (Verdienst). Fange mit dem Beruf an, in dem man am meisten verdient.

4. Suche dir einen Partner. Überlegt gemeinsam, ob es wichtiger ist, viel Geld zu verdienen oder viel Freude an seinem Beruf zu haben. Notiert eure Gedanken in eurem Lerntagebuch.

Zusatzaufgabe:
Finde heraus, wie viel Geld du in deinem Traumberuf in einem Monat verdienen würdest. Schaue dazu im Internet nach, zum Beispiel hier:
www.blinde-kuh.de
www.fragfinn.de

Arbeitskleidung

9

1. Lies die Texte auf den Karten. Schaue dir die Bilder gut an.

2. Schneide die Texte und Bilder aus.

3. Lege das passende Bild zum Text.
   Klebe Bilder und Texte anschließend richtig in dein Lerntagebuch.
   Schreibe dann die richtigen Berufe unter die Bilder.

   Diese Berufe werden gesucht:
   Elektriker / -in • Imker / -in • Maler / -in •
   Müllwerker / -in • Schornsteigfeger / -in •
   Anwalt / Anwältin

Der Landwirt – hier und auf Madagaskar

10

1. Lies die beiden Zeitungsartikel genau.

2. Beantworte die Fragen auf Arbeitsblatt (2).
   O Kreise dazu die richtigen Buchstaben ein und
   schreibe dann das Lösungswort auf die Linie.

3. In welchem Land würdest du lieber als Landwirt / -in arbeiten?
   Begründe deine Meinung und schreibe sie in dein Lerntagebuch.

Handel – Produktion – Dienstleistung

1. Lies den Text genau.
   Schaue dir auch die Bildkarten der Berufe auf Arbeitsblatt (1) gut an.

2. Schneide die Bildkarten der Berufe aus.
   Sortiere sie in die Felder von **Handel, Produktion** und **Dienstleistung** auf Arbeitsblatt (2) ein.
   Kontrolliere, ob die Bildkarten richtig liegen, und klebe sie dann auf.

Zwei Familien, zwei Einkommen

1. Lies den Text im Kasten unten.

2. Lies den Text auf Arbeitsblatt (1) und schaue dir die Tabelle gut an.

3. Unterstreiche in der Tabelle das Einkommen gelb und die Ausgaben rot.

4. Fülle die Lücken auf Arbeitsblatt (2), indem du die Informationen aus der Tabelle nutzt.
   Wenn du rechnen musst, fertige deine Rechnung in deinem Lerntagebuch an.

Zusatzaufgabe:
Schreibe in dein Lerntagebuch, welche Familie deiner Meinung nach die glücklichere ist.
Begründe deine Meinung.

Steuern
Jeder Mensch, der arbeitet, muss einen Teil des Geldes abgeben, das er verdient. Das sind die Steuern. Von diesem Geld werden zum Beispiel Straßen und Schulen gebaut.

13

Wo kann ein Tischler arbeiten?

1. Lies den Text auf Arbeitsblatt (1) genau.
   Unterstreiche Sätze und Wörter, die du wichtig findest.

2. Fülle die Tabelle auf Arbeitsblatt (2) aus, indem du die richtigen Antworten in die jeweiligen Tabellenspalten einträgst.
   Nutze dazu die Informationen aus dem Text.

3. Schreibe in dein Lerntagebuch, in welchem Betrieb du lieber arbeiten möchtest. Begründe deine Meinung.

14

Carl Benz – Erfinder des Autos

1. Lies den Text genau.

2. Schaue dir das Bild des ersten Autos gut an.

3. Lies die Aussagen.
   Kreise ein, ob sie richtig oder falsch sind.
   Von oben nach unten ergibt sich ein Lösungswort. Schreibe es auf.

4. Schreibe in dein Lerntagebuch, warum die Erfindung des Autos so wichtig war. Welche anderen wichtigen Erfindungen kennst du aus deinem Alltag?
   Schreibe auch sie in dein Lerntagebuch.

Zusatzaufgabe:
Wärst du auch gern ein Erfinder? Was würdest du erfinden? Schreibe auf.

Der Bergmann – Ein Beruf stirbt aus

1. Lies den Text genau.
   Unterstreiche Wörter und Sätze, die du wichtig findest.

2. Schaue dir die Bilder an.

3. Beantworte die Fragen im Kreuzworträtsel und
   schreibe das Lösungswort auf die Linien.

Tipp:
Im Kreuzworträtsel ist **ß = ss.**

Brücken bauen – Versuche dich als Architekt / -in und Ingenieur / -in

1. Lies die Versuchsanleitung und schaue die Bilder an.

2. Führe das Experiment mit einem Partner durch.

3. Schreibt **vorher** eure Vermutungen auf.
   Schreibt **nach dem Experiment** eure Beobachtungen auf.
   Fertigt anschließend eine Skizze in eurem Lerntagebuch an.

Skizze
Eine Skizze ist eine einfache Zeichnung.
Sie muss nicht hundertprozentig genau sein.

Stoffe trennen – Versuche dich als Chemiker / -in

17

1. Lies die Versuchsanleitung.

2. Führe das Experiment mit einem Partner durch.

3. Schreibt **vorher** eure Vermutungen auf.
   Schreibt **nach dem Experiment** eure Beobachtungen und Erklärungen auf.

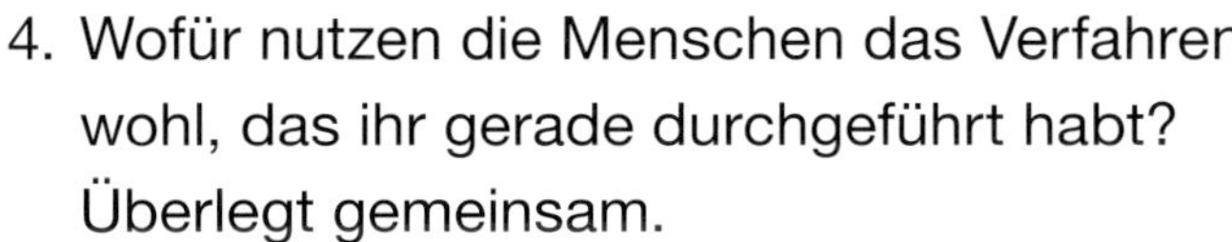

4. Wofür nutzen die Menschen das Verfahren wohl, das ihr gerade durchgeführt habt? Überlegt gemeinsam. Das Bild rechts kann euch helfen. Schreibt eure Erklärung in euer Lerntagebuch.

Suchsel: Körperliche oder geistige Arbeit?

18

1. Lies den Informationstext.

2. O Kreise im Suchsel alle Berufe ein, die du findest.

3. Markiere alle Berufe, bei denen man viel Kraft braucht, rot.
   Markiere alle anderen Berufe gelb.

4. Schreibe die Berufe dann auf die entsprechenden Linien auf Arbeitsblatt (2).

5. Ordne die Berufe in die richtige Tabellenspalte auf Arbeitsblatt (2) ein.

Mein Berufe-Stammbaum

1. Schaue dir den Berufe-Stammbaum an.

2. Fülle den Berufe-Stammbaum mit Hilfe deiner Eltern und / oder Großeltern aus.

3. Schreibe in dein Lerntagebuch, was dir bei deinem Berufe-Stammbaum auffällt. Die Fragen unten helfen dir.

- Gibt es einen Beruf besonders oft?
- Haben deine Familienmitglieder eher handwerkliche Berufe?
- Haben deine Familienmitglieder eher geistige Berufe?
- Haben alle Frauen in deiner Familie Berufe gelernt?

Beachte:
⋆ = geboren

Feuer löschen im Wandel der Zeit

1. Die Bilder zeigen von oben nach unten, wie die Menschen im Laufe der Zeit Feuer gelöscht haben. Schaue sie gut an.

2. Lies die Texte und verbinde sie mit den passenden Bildern.

3. Du erhältst ein Lösungswort. Schreibe es auf.

Verschiedene Arbeitsformen

1. Unten auf dem Arbeitsblatt siehst du Menschen, die unterschiedlichen Formen der Arbeit nachgehen.
   Schaue dir die Bilder gut an.

2. Lies nun die Sprechblasen auf dem Arbeitsblatt. Überlege, welcher Mensch was sagt.
   Male die Sprechblase und die dazugehörige Arbeitsform in der gleichen Farbe aus.

3. Suche dir einen Partner.
   Besprecht gemeinsam: Welche Arbeitsform gefällt euch am besten, welche am wenigsten? Nennt euch auch eure Gründe dafür.

Welche Berufe kennst du?

Name: ______________________ Datum: ______________

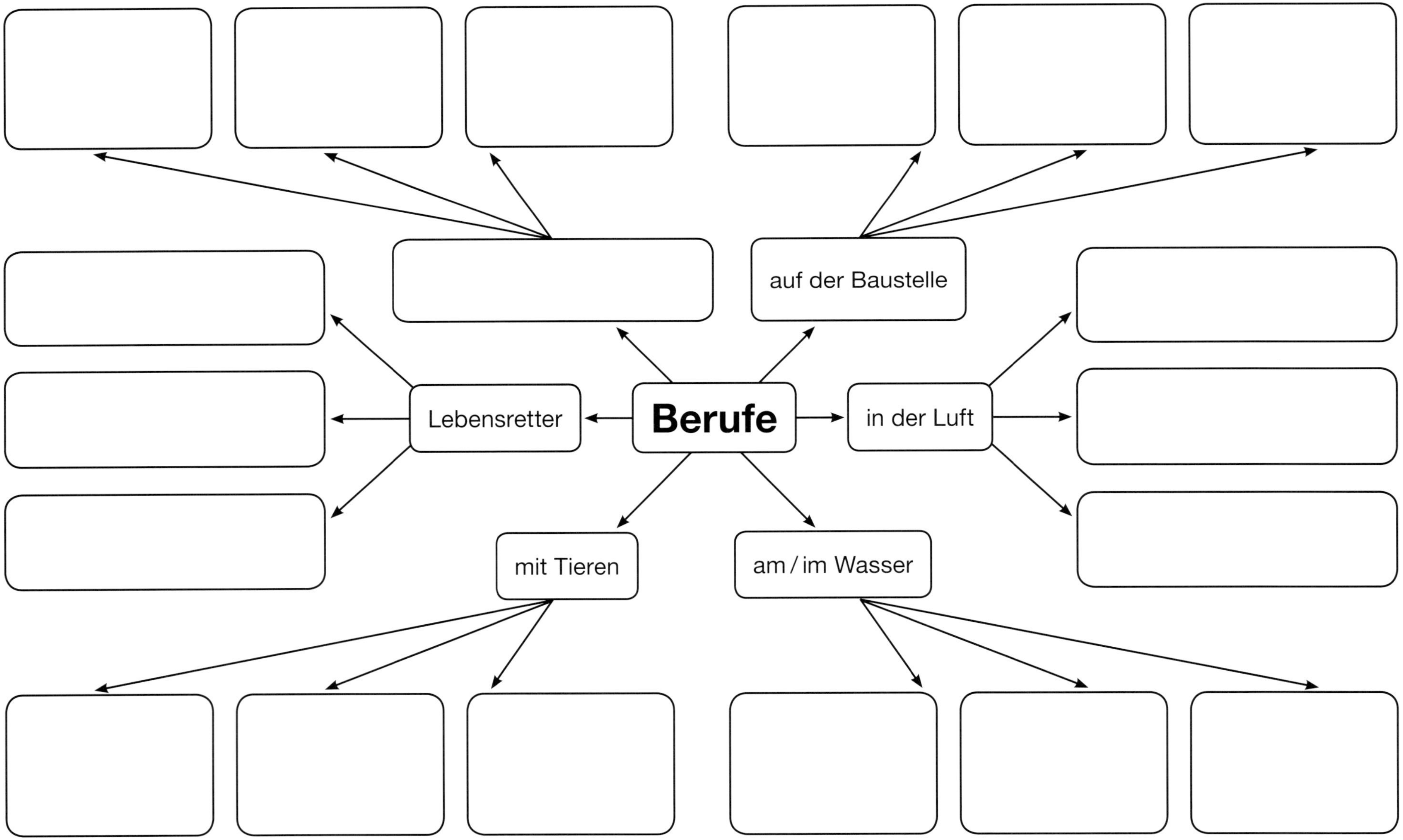

1

Berufe

auf der Baustelle

in der Luft

Lebensretter

mit Tieren

am / im Wasser

Berufe-Kartei (1)

Journalist / -in

Ein Journalist informiert andere Menschen über wichtige Ereignisse. Das kann ein Bericht über ein Fußballspiel oder eine Reportage über ein weit entferntes Land sein. Es können aber auch Meldungen zu Verbrechen oder anderen besonderen Ereignissen in deiner Stadt oder auf der Welt sein.
Um gut über ein Thema berichten zu können, muss sich ein Journalist viele Informationen beschaffen, indem er darüber liest, Experten interviewt oder Fotos macht. Dann erst kann er einen Text oder Beitrag für eine Zeitung, das Fernsehen oder das Radio schreiben.
Ein Journalist benötigt keine bestimmte Berufskleidung.

Tierarzt / Tierärztin

Ein Tierarzt kann in einer Kleintierpraxis, aber auch in einer Großtierpraxis oder in einer Tierklinik arbeiten. Er hat jeden Tag mit vielen verschiedenen Tieren zu tun, die ganz unterschiedliche Krankheiten haben. Manche müssen auch geimpft oder operiert werden oder bekommen die Krallen geschnitten.
Manche Tierärzte fahren zu den Tieren in Tiergärten oder von Bauernhof zu Bauernhof und versorgen dort Kühe und Schweine.
Auch in der Forschung kann ein Tierarzt arbeiten. Dann erforscht und testet er zum Beispiel neue Medikamente oder überprüft anhand von Blut, Kot oder Urin, welche Krankheit ein Tier hat.
Die meisten Tierärzte tragen einen weißen Kittel.

Dachdecker / -in

Ein Dachdecker muss schwindelfrei und geschickt sein. Denn er arbeitet oft in großen Höhen auf Dächern von Häusern. Dort ist er auch Sonne und Kälte ausgesetzt. Er deckt Dächer, baut Dachrinnen und Dachfenster ein und errichtet Blitzableiter. Aber auch im Keller kann ein Dachdecker arbeiten. Hier dichtet er dann zum Beispiel Wände ab, damit sie nicht feucht werden.
Ein Dachdecker sollte gut rechnen können, denn er muss bestimmen, wie groß etwas ist, sich mit Kosten für Arbeitsmaterial auskennen und Pläne lesen.
Er trägt Sicherheitsschuhe und Arbeitskleidung mit vielen Taschen, in denen er Dinge wie einen Zollstock oder einen Schieferhammer verstauen kann.

Polizist / -in

Ein Polizist ist bei vielen Ereignissen anwesend: bei Fußballspielen, Verkehrsunfällen und Einbrüchen, aber auch, wenn jemand vermisst wird. Dann wird die Polizei gerufen. Polizisten fahren auch oft „auf Streife“: Sie kontrollieren, ob sich die Menschen richtig verhalten. Sie helfen aber auch gern weiter, wenn sich zum Beispiel jemand verlaufen hat.
Der Tag eines Polizisten ist sehr abwechslungsreich, aber auch anstrengend und manchmal gefährlich. Als Polizist arbeitet man im Schichtdienst. Das heißt, man muss manchmal am frühen Morgen, manchmal am Nachmittag und manchmal auch in der Nacht arbeiten.
Ein Polizist trägt eine blaue Uniform mit einer weißen oder blauen Dienstmütze.

Berufe-Kartei (2)

Flugbegleiter / -in

Als Flugbegleiter sollte man keine Flugangst haben, denn man fliegt viel umher. Deshalb ist man auch nur selten zu Hause und hat unregelmäßige Arbeitszeiten.
Ein Flugbegleiter sollte gern mit anderen Menschen zu tun haben und auch in anderen Sprachen mit ihnen sprechen können. Vor einem Flug muss ein Flugbegleiter prüfen, ob das Flugzeug sauber ist. Er begrüßt die Gäste beim Einsteigen und hilft ihnen dabei, das Gepäck zu verstauen. Auch muss er den Gästen erklären, wie sie das Flugzeug bei einem Notfall verlassen müssen.
Flugbegleiter müssen stets sauber und gepflegt aussehen. Jede Fluggesellschaft hat ihre eigene Arbeitskleidung, eine schicke Uniform. Manchmal gehören auch Halstücher oder Hüte dazu.

Kapitän / -in

Ein Kapitän arbeitet auf einem Schiff. Er weiß, wie ein Schiff gesteuert wird, und ist für die Sicherheit auf dem Schiff zuständig. Bevor eine oft monatelange Fahrt über das Meer losgeht, überlegt der Kapitän, wie viel Personal er mitnehmen muss. Während der Fahrt steht er vorn auf dem Schiff und beobachtet mit einem Fernglas das Meer. So kann er erkennen, wie schnell er das Schiff in welche Richtung steuern muss. Ein Kapitän muss sich auch gut mit dem Wetter auskennen, denn das spielt für die Schifffahrt eine große Rolle. Wenn ein Schiff sinkt, sorgt der Kapitän dafür, dass zunächst alle Gäste und seine Mannschaft in Sicherheit gebracht werden. Er darf erst als Letzter das Schiff verlassen. Den Kapitän erkennt man meistens an seiner blauen Uniform und seinem weiß-blauen Kapitänshut.

Chemiker / -in

Ein Chemiker untersucht, woraus verschiedene Materialien wie Plastik, Papier, Medikamente oder Kleidung bestehen, um das Produkt zu verbessern. Hierfür muss er sehr genau arbeiten, weil diese Bestandteile winzig klein sein können. Er muss jeden einzelnen Arbeitsschritt gut aufschreiben.
Ein Chemiker entwickelt außerdem neue Medikamente, Salben oder Cremes. Er untersucht aber auch, ob in Lebensmitteln giftige Stoffe versteckt sind.
Ein Chemiker braucht Schutzkleidung wie eine Brille, Handschuhe und Kittel, weil er oft mit gefährlichen Materialien arbeitet. Manche Stoffe können auch explodieren, deshalb ist es wichtig, dass sich ein Chemiker durch seine Kleidung schützt.

Bäcker / -in

Ein Bäcker muss früh morgens – manchmal noch mitten in der Nacht – anfangen zu arbeiten, damit die Menschen frisches Brot und frische Brötchen zum Frühstück kaufen können.
Er muss die Zutaten für die Rezepte abwiegen, messen und so vermischen, wie es im Rezept steht. Das Brot, die Brötchen und auch Teilchen backt der Bäcker dann im Ofen. Er muss gut aufpassen, dass er die Backwaren rechtzeitig wieder herausholt, damit sie nicht verbrennen.
Ein Bäcker trägt weiße Kleidung und eine Mütze, damit keine Haare in den Teig fallen.

Florist / -in

Ein Florist arbeitet mit Blumen, Blättern, Blüten und Beeren. Er bindet Sträuße, Kränze und Gestecke für verschiedene Feste. Je nach Anlass verwendet er unterschiedliche Blumen in verschiedenen Farben.
Ein Florist verkauft aber auch Topfpflanzen. Dann berät er seinen Kunden, welche Pflanze für ihn geeignet ist und wie sie gepflegt werden sollte. Er muss also genau wissen, welche Pflanze wie gegossen und geschnitten werden soll.
Ein Florist braucht keine besondere Arbeitskleidung. Viele Floristen tragen aber eine grüne Schürze.

Erzieher / -in

Ein Erzieher arbeitet in Kindergärten, Kinderheimen oder Ferienheimen.
Er beobachtet, betreut und erzieht Kinder. Er bringt ihnen zum Beispiel bei, wie man sich anzieht und wäscht, wie man in der Gruppe zusammen spielt, er zeigt ihnen, was es in Wald und Feld zu entdecken gibt und dass man im Verkehr gut aufpassen muss. Ein Erzieher macht den Kindern auch etwas zu essen, liest ihnen vor und spielt mit ihnen. Er schreibt außerdem Pläne, in denen steht, was die Kinder schon können und was noch nicht.
Ein Erzieher braucht keine bestimmte Arbeitskleidung. Seine Kleidung sollte aber praktisch sein, weil er sich viel bewegt und oft auf kleinen Kinderstühlen sitzt.

Verkäufer / -in

Ein Verkäufer kann in den unterschiedlichsten Geschäften arbeiten: im Supermarkt, im Baumarkt, im Buchgeschäft, im Bekleidungsgeschäft … Er berät Kunden, räumt Waren in die Regale, kassiert und tauscht Ware um, wenn sie kaputt ist oder dem Kunden doch nicht gefällt. Er sollte besonders freundlich zu den Kunden sein, damit sie gern weiter in seinem Geschäft einkaufen. Ein Verkäufer muss auch prüfen, ob im Geschäft noch genügend Waren vorhanden sind. Ansonsten muss er neue Waren nachbestellen.
Oft arbeiten Verkäufer im Schichtdienst – manchmal morgens und manchmal abends.
In vielen Geschäften tragen Verkäufer einheitliche Kleidung, zum Beispiel mit dem Logo des Geschäfts, in dem sie arbeiten.

Friseur / -in

Ein Friseur berät seine Kunden darüber, welcher Haarschnitt, welche Haarfarbe oder welche Perücken zu ihnen passen.
Er schneidet, färbt und rasiert Haare. Er frisiert seine Kunden aber auch, er macht also Dauerwellen, Hochsteck- und Föhnfrisuren. Friseure können auch Haare verlängern, indem sie künstliche Haare an die echten anbringen.
Ein Friseur braucht keine bestimmte Arbeitskleidung. Wenn er jedoch Haare färbt, sollte er Handschuhe und eine Schürze tragen, damit er seine Haut und Kleidung vor der Farbe schützt.

Kfz-Mechatroniker / -in

Ein Kfz-Mechatroniker, also ein Kraftfahrzeug-Mechatroniker, ist gleichzeitig Elektroniker und Mechaniker für Fahrzeuge. Da Fahrzeuge heute oft mit komplizierter Elektronik ausgestattet sind, muss sich ein Kfz-Mechatroniker sehr gut mit der Fahrzeug-Technik auskennen. Außerdem muss er erkennen können, was an einem Fahrzeug – zum Beispiel an einem Auto, Motorrad oder Traktor – kaputt ist und es dann reparieren können. Er wechselt an Fahrzeugen auch Reifen und Öl. Die Arbeitskleidung eines Kfz-Mechatronikers sollte praktisch sein, da er oft unter Fahrzeugen liegt, gebückt arbeitet und schmutzig wird. Deshalb trägt er einen Arbeitsanzug.

Architekt / -in

Ein Architekt plant und entwirft Gebäude und Bauwerke. Das heißt, er überlegt, welche Funktion das Gebäude haben und wie es aussehen soll. Das kann zum Beispiel eine Schule sein. Ein Architekt plant dann, wo die Schule stehen, wie sie aussehen und welche Besonderheiten sie haben könnte – wie zum Beispiel einen Spiel- oder Sportplatz. Manche Architekten planen auch, wie ganze Städte oder Parks aussehen sollen.
Ein Architekt trägt keine besondere Arbeitskleidung. Wenn er aber eine Baustelle besucht, muss er einen Helm tragen, um sich zu schützen.

BVK LW69 • Sabine Eickholt: Lernwerkstatt „Beruf und Arbeit“

Name: ____________________ Datum: ____________

Berufe-Steckbrief

Beruf: ____________________

Arbeitskleidung: ____________________

____

Werkzeug: ____________________

____

____

Aufgaben: ____________________

____

____

Arbeitszeiten: ____________________

An diesem Beruf gefällt mir, dass …

____

____

____

____

An diesem Beruf mag ich nicht, dass …

____

____

____

____

Name: ______________________________ Datum: __________________

4

Der passende Beruf

Ich bin Lisa.
In der Schule bin ich Streitschlichterin und Klassensprecherin. Denn ich behalte auch in schwierigen Situationen einen kühlen Kopf und helfe meinen Mitschülern gern. In meiner Freizeit lese ich am liebsten Detektivgeschichten. Meistens weiß ich schon vor dem Ende des Buches, wer der Bösewicht ist.

Ich möchte einmal

____

werden.

Ich heiße Sofie. Ich versorge meinen Hund schon ganz allein. Ich weiß viel über Tiere und helfe hin und wieder in einem Tierheim. Ich unterstütze dann beim Füttern, Saubermachen und Spazierenführen. Manchmal müssen Tiere nach einer Krankheit besonders gut gepflegt werden. Das macht mir viel Spaß!

Ich möchte einmal

____

werden.

Ich bin Max.
Zu Weihnachten habe ich meine erste Kamera geschenkt bekommen. Seitdem fotografiere ich alles, was mir vor die Linse kommt. Meine Eltern freuen sich, wenn ich ein schönes Foto von ihnen gemacht habe. Ich halte auch im Urlaub alle spannenden Momente fest. Danach klebe ich die schönsten Fotos in meine Fotoalben.

Ich möchte einmal

____

werden.

Hallo, mein Name ist Leonie.
Am liebsten verbringe ich die Zeit mit meinen Freundinnen. Oft probiere ich bei ihnen neue Frisuren aus. Ich kann schon gut die Haare flechten, Locken drehen und Hochsteckfrisuren machen. Ich mag es, wenn sich eine Freundin über ihre neue Frisur freut.

Ich möchte einmal

____

werden.

Mein Name ist Konstantin. Gerne helfe ich meinem Papa in der Garage. Dann schrauben wir an unserem Auto herum oder tüfteln am Motorrad. Wenn an meinem Fahrrad etwas kaputt ist, kann ich es meistens selbst reparieren. Meine Lieblingsbücher handeln von schnellen Fahrzeugen. Die finde ich toll!

Ich möchte einmal

____

werden.

Ich heiße Felix.
Ich spiele total gern mit meinen kleineren Geschwistern. Wenn sie weinen, schaffe ich es schnell, sie zu beruhigen oder zum Lachen zu bringen. Wenn sie sich verletzen, weiß ich, was zu tun ist, und versorge ihre Wunden. Das habe ich bei meiner Schulsanitäterausbildung gelernt.

Ich möchte einmal

____

werden.

Name: ______________________ Datum: ______________

Berufe raten (1)

Zimmerer / Zimmerin	**Architekt / Architektin**	**Maler / Malerin**
Holz Hammer Nagel	Pläne Haus Zeichnung	Farbe Pinsel streichen
Fotograf / Fotografin	**Journalist / Journalistin**	**Florist / Floristin**
Kamera Foto Studio	Informationen schreiben Zeitung	Blumen Sträuße binden
Pilot / Pilotin	**Zugführer / Zugführerin**	**Kapitän / Kapitänin**
Flugzeug landen fliegen	Lokomotive Schienen Zug	Schiff steuern Meer

Name: ______________________________ Datum: ____________________

Berufe raten (2)

Erzieher / Erzieherin	**Pastor / Pastorin**	**Arzt / Ärztin**
Kinder Kindergarten spielen	Kirche Gottesdienst beten	Krankenhaus Spritze Patient
Friseur / Friseurin	**Förster / Försterin**	**Tierpfleger / Tierpflegerin**
Haare schneiden föhnen	Wald Bäume Tiere	Tiere füttern Zoo
Automechaniker / Automechanikerin	**Bäcker / Bäckerin**	**Landwirt / Landwirtin**
Autos reparieren Werkstatt	backen Brot Bäckerei	Tiere Traktor Bauernhof

Name: ______________________________ Datum: ____________________

6

Warum arbeitest du?

Am Ende meines Arbeitstages habe ich das Gefühl, etwas Sinnvolles getan zu haben. Ich helfe Menschen und Tieren und freue mich, wenn ich jemandem das Leben oder seinen Besitz retten konnte. Mein Beruf ist niemals langweilig.

Ich bin gern unter Menschen. Den ganzen Tag zu Hause zu sitzen – das wäre nichts für mich. Ich weiß am Ende des Tages, dass ich etwas getan habe und jemanden mit einem neuen Haarschnitt glücklich gemacht habe. Und ich kann für mich und meine Tochter sorgen. Das ist mir wichtig.

Meine Arbeit macht mir keinen Spaß. Ich verbringe lieber die Zeit mit meiner Familie und meinen Freunden. Aber ich fahre gern in den Urlaub und möchte in einem schönen Haus wohnen. Ich arbeite also, um Geld zu verdienen. So kann ich mir etwas leisten.

Ich bin schon alt und bekomme eine gute Rente, aber ich muss das Gefühl haben, gebraucht zu werden. Ich wüsste auch gar nichts mit meiner ganzen freien Zeit anzufangen. Deshalb arbeite ich in einer Suppenküche, ohne dafür Geld zu bekommen. Dort gebe ich Essen an arme Menschen aus.

Ich bin ziemlich gut darin, andere Menschen fröhlich zu machen und zum Lachen zu bringen. Ich liebe meinen Beruf, weil ich das machen darf, was ich am liebsten tue.

BVK LW69 • Sabine Eickholt: Lernwerkstatt „Beruf und Arbeit“

Name: ______________________ Datum: ______________

Berufe für Männer und Frauen

Der Zimmerer / Die Zimmerin

Hanno / Hanna möchte gern Zimmerer / Zimmerin werden. Hanno / Hanna liebt die Arbeit mit Holz. Oft hilft Hanno / Hanna seinem / ihrem Vater bei der Arbeit im Schuppen. Geschickt haut Hanno / Hanna Nägel ein, nimmt das passende Maß und kürzt Hölzer.

Hanno / Hanna hat bereits ein Baumhaus gebaut und verbringt hier viel Zeit. Am liebsten sitzt Hanno / Hanna darin und beobachtet die Tiere und Menschen von seinem / ihrem Ausguck. Dabei plant Hanno / Hanna schon sein / ihr nächstes Projekt.

Später möchte Hanno / Hanna einmal Dächer, Balkone und Treppen aus Holz fertigen.

Der Florist / Die Floristin

Leon / Leonie liebt die Arbeit mit Pflanzen. Leon / Leonie hat bereits einen eigenen kleinen Garten angelegt. Leon / Leonie pflegt hier liebevoll die Blumen und Gräser. Am liebsten aber bindet Leon / Leonie kunstvolle Kränze und Sträuße aus Blumen, Beeren und Blättern.

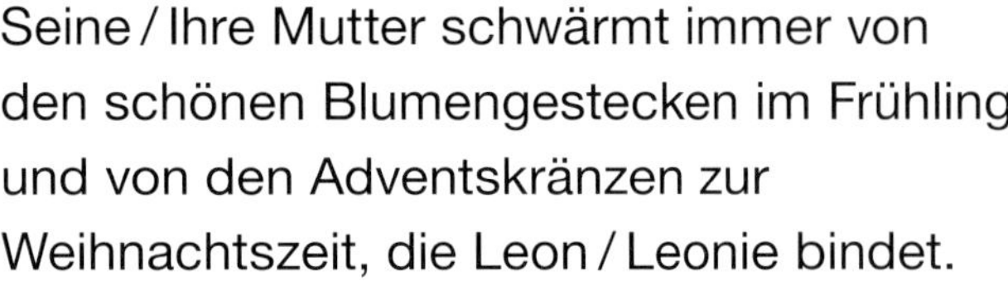

Seine / Ihre Mutter schwärmt immer von den schönen Blumengestecken im Frühling und von den Adventskränzen zur Weihnachtszeit, die Leon / Leonie bindet.

Leon / Leonie kombiniert die Farben und Formen der Pflanzen schon sehr geschickt. Leon / Leonie möchte aber noch viel lernen. Sein / Ihr Traum ist es, später einen eigenen kleinen Blumenladen zu haben.

BVK LW69 • Sabine Eickholt: Lernwerkstatt „Beruf und Arbeit“

Name: ______________________ Datum: ______________

8

Das verdiene ich

Es gibt viele verschiedene Berufe, die du erlernen kannst. Wieviel Geld du dann in deinem Beruf verdienst, hängt von vielen Dingen ab. Berufe, deren Ausbildung lange dauert oder für die man studieren muss, sind meistens besser bezahlt. Auch in Berufen mit viel Verantwortung verdienst du oft mehr. Manchmal verdienen Männer für die gleiche Arbeit mehr als Frauen. Das ist ungerecht und sollte geändert werden.

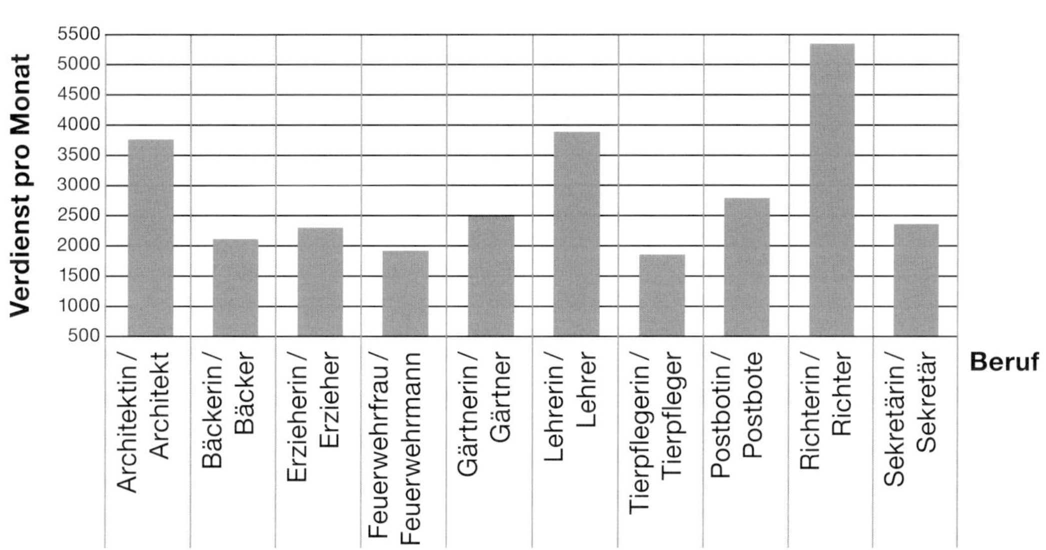

Beruf	Gehalt

Mein Traumberuf:

Name: ______________________ Datum: ______________ 9

Arbeitskleidung (1)

Ich bewege mich häufig im Straßenverkehr. Meine Arbeitskleidung ist deshalb gelb oder orange mit Streifen. Die leuchten, wenn Licht darauf fällt. So sieht man mich auch im Dunkeln gut. Meine Arbeitskleidung muss schmutz- und wasserabweisend sein, denn ich arbeite draußen und mache mich oft schmutzig. Ich trage auch Sicherheitsschuhe mit Stahlkappen und Lederhandschuhe. Die brauche ich, weil ich oft schwere Gegenstände bewegen muss und mich nicht verletzen möchte.

In meinem Beruf arbeite ich mit Tieren und mit Lebensmitteln, deshalb ist meine Arbeitskleidung weiß. So kann man Schmutz gut erkennen. Wenn ich Flecken auf meiner Kleidung habe, muss ich mich umziehen. Ich muss jederzeit sauber arbeiten, damit die Tiere nicht krank werden und der Honig nicht verschmutzt wird.
Ich trage einen Anzug und einen Hut mit Bienenschleier. Auch weiße Arbeitshandschuhe gehören zu meiner Ausrüstung.

Meine Arbeitskleidung ist schwarz, damit man darauf nicht jeden Fleck sieht. Heutzutage mache ich mich aber nicht mehr so schmutzig wie früher, weil die Menschen nur noch selten mit Kohle heizen.
Manchmal lädt ein Brautpaar mich zu seiner Hochzeit ein, das soll Glück bringen. Dann trage ich die traditionelle Zunftkleidung: Zylinder, schwarze Jacke mit goldenen Knöpfen und schwarze Hosen. Auch mein Reinigungswerkzeug und meine Leiter habe ich dann dabei.

Meine Arbeitskleidung ist aus einem Material, das mich bei Stromschlägen schützt. Wichtig ist auch, dass meine Arbeitskleidung feuerfest ist, falls ich einmal einen Funken abbekomme.
Ich brauche viele Taschen an meiner Arbeitskleidung. Die Farbe ist mir egal, aber praktisch sind Latzhosen und ein Werkzeuggürtel. Hier kann ich Schraubenzieher, Kabel, Sicherungen und kleine Schrauben aufbewahren.

Ich trage meistens eine weiße Latzhose. Sie hat viele Taschen, damit ich zum Beispiel Pinsel und Farbschaber darin verstauen kann. Nach meiner Arbeit bin ich meistens voller Farbe.
Ich trage außerdem feste Schuhe und manchmal eine Kappe, damit keine Farbe auf meinen Kopf tropft.

Wenn ich ins Büro gehe, muss ich ordentlich gekleidet sein. Deshalb trage ich einen Anzug oder eine Jacke mit dazu passendem Rock. Wenn ich im Gericht bin und zum Beispiel einen Angeklagten verteidige, trage ich eine Robe. So nennt man ein weites, schwarzes Gewand, das ein wenig wie ein Mantel aussieht. Mit dieser Arbeitskleidung erkennt man sofort, welchen Beruf ich ausübe.

Arbeitskleidung (2)

Ich bin ein / -e ____________________

Ich bin ein / -e ____________________

Ich bin ein / -e ____________________

Ich bin ein / -e ____________________

Ich bin ein / -e ____________________

Ich bin ein / -e ____________________

Name: ______________________ Datum: ______________

Der Landwirt – hier und auf Madagaskar (1)

Landwirt in Deutschland

Landwirt Hermann besitzt etwa 800 Hektar Land. Er pflügt den Boden mit einem Pflug, sät im Herbst mit einer Saatmaschine die Körner und erntet im Sommer das reife Korn mit seinem Mähdrescher. Landwirt Hermann hat also viele Geräte, die ihm den Anbau und die Ernte seines Getreides erleichtern. Der Mähdrescher trennt zum Beispiel direkt bei der Ernte die Körner von den Ähren (dreschen). Nach der Ernte bringt der Landwirt die Körner zur Mühle, die daraus Mehl mahlt. Dann wird das Mehl verkauft. Aber nur wenn die Weizenähren gesunde, reife Körner tragen, kann daraus Mehl gemacht werden. Wenn es zu viel regnet oder gar hagelt, kann es sein, dass Landwirt Hermann sein Getreide als günstiges Tierfutter verkaufen muss.
Der Landwirt erntet etwa 7 Tonnen Getreide pro Hektar. Im letzten Jahr hat er für 100 kg Weizen etwa 15 Euro bekommen.
So verdient er ungefähr 3 300 Euro im Monat.

Landwirt auf Madagaskar

Auf Madagaskar isst eine Person ungefähr 130 kg Reis im Jahr. Meistens bauen die Landwirte hier deshalb Nassreis auf Terrassen an. Weil fast alles mit der Hand gemacht werden muss, brauchen die Landwirte beim Anbau viele Helfer. Deshalb unterstützen sich die Nachbarn gegenseitig. Zunächst wird die Erde von den Männern am Ende der Trockenzeit mit einem schmalen Spaten gepflügt. Die Frauen sähen dann Reiskörner in Beeten aus. Nach 30 bis 40 Tagen werden die jungen Reispflanzen aus den Beeten auf die dafür vorgesehen Felder umgepflanzt. Sie müssen ständig gegossen werden.

Zu Beginn der nächsten Trockenzeit steht dann der reife Reis auf den Feldern und kann geerntet werden. Die Ernte ist die Aufgabe der Frauen, die mit großen Sensen die Reisbüschel schneiden und nach Hause transportieren. Hier dreschen sie die Reiskörner mit der Hand. Dazu schlagen die Frauen die Reisähren gegen große Steine und sammeln die herausgefallenen Reiskörner auf. Das ist sehr anstrengend.
Nun müssen die Reiskörner trocknen, bis das Getreide schließlich geschält und verkauft werden kann.

Die Felder in Madagaskar sind in der Regel nicht größer als 5 Hektar.
Daher leben die Reisbauern in bitterer Armut. Sie können nur wenig Reis verkaufen, benötigen aber viele Helfer, um die Reisfelder zu bewirtschaften. Deshalb bleibt für die Landwirte nicht viel Geld übrig. Schlechte Ernten oder Heuschrecken, die die Ernte auffressen, führen zu noch mehr Armut.

BVK LW69 • Sabine Eickholt: Lernwerkstatt „Beruf und Arbeit“

Name: ______________________ Datum: ______________

Der Landwirt – hier und auf Madagaskar (2)

1. **Landwirt Hermann aus Deutschland besitzt …**

Roggen.	g
Weizen.	v
Reis.	l

2. **Das reife Korn wird von dem deutschen Landwirt …**

mit einer Sense geerntet.	a
mit den Händen gepflückt.	u
mit dem Mähdrescher gemäht und gedroschen.	e

3. **Landwirt Hermann bewirtschaftet seine Weizenfelder …**

allein.	r
gemeinsam mit Nachbarn.	s
mit vielen anderen Landwirten.	t

4. **Wenn es zu viel regnet …**

kann Landwirt Hermann den Mähdrescher nicht benutzen.	c
muss Landwirt Hermann sein Getreide als günstiges Tierfutter verkaufen.	s
muss Landwirt Hermann hungern.	h

5. **Auf Madagaskar …**

essen die Menschen sehr viel Reis.	c
wird Reis nur einmal im Jahr gegessen.	s
wird Reis nur zu ganz besonderen Anlässen gegessen.	m

6. **Reis wird auf Madagaskar …**

mit großen Maschinen geerntet.	i
mit einem Boot eingesammelt.	j
von vielen Frauen mit der Sense geerntet.	h

7. **Ein Reisbauer auf Madagaskar …**

ist sehr arm.	i
kann sich viele teure Dinge kaufen.	m
hat ein leichtes Leben.	p

8. **Weizen und Reis sind unterschiedliche …**

Obstsorten.	t
Gemüse.	a
Getreidearten.	e

9. **Auf Madagaskar …**

helfen sich die Bauern gegenseitig.	d
arbeitet jeder für sich.	f
helfen nur die Männer bei der Reisernte.	k

10. **Schlechte Ernten in Deutschland und in Madagaskar …**

bedeuten weniger Geld.	e
sind sehr selten.	u
sind nicht so schlimm.	i

11. **Landwirte arbeiten …**

in großen Hallen.	p
nur, wenn es regnet.	t
auf ihren Feldern.	n

Lösungssatz:

Die Arbeitsbedingungen bei den Landwirten

sind sehr ___ ___ ___ ___ ___ ___ ___ ___ ___ ___ ___ .

1 2 3 4 5 6 7 8 9 10 11

Name: ______________________ Datum: ______________

Handel – Produktion – Dienstleistung (1)

Man unterscheidet drei Arten von Arbeit: den **Handel,** die **Produktion** und die **Dienstleistung.**

Im **Handel** wird mit unterschiedlichen Waren gehandelt. Es gibt große Firmen, die zum Beispiel Autos, Maschinen und Lebensmittel einkaufen und diese dann teurer wieder verkaufen. Doch auch der Gemüsehändler um die Ecke kauft Lebensmittel auf dem Großmarkt oder beim Bauern ein und verkauft sie dann zu einem höheren Preis an seine Kunden. So verdient er sein Geld.

Weiterhin gibt es die **Produzenten.** Das sind alle Unternehmen, die etwas herstellen. Solche Produkte können Kleidung, Stoffe, Bücher, Lebensmittel, Maschinen oder Fahrzeuge sein. Die Produzenten verkaufen ihre Produkte an Händler, die diese wiederum weiterverkaufen. Ein Landwirt verkauft zum Beispiel Kartoffeln an einen Supermarkt. Dieser verkauft die Kartoffeln wiederum an seine Kunden.

Außerdem gibt es die **Dienstleister.** Diese bieten anderen Menschen ihre Dienste gegen Geld an. Hierunter fallen zum Beispiel Handwerker, Reinigungskräfte und Restaurants. Auch die Post, Schulen, Banken, Krankenhäuser oder Altenheime bieten Dienstleistungen an.

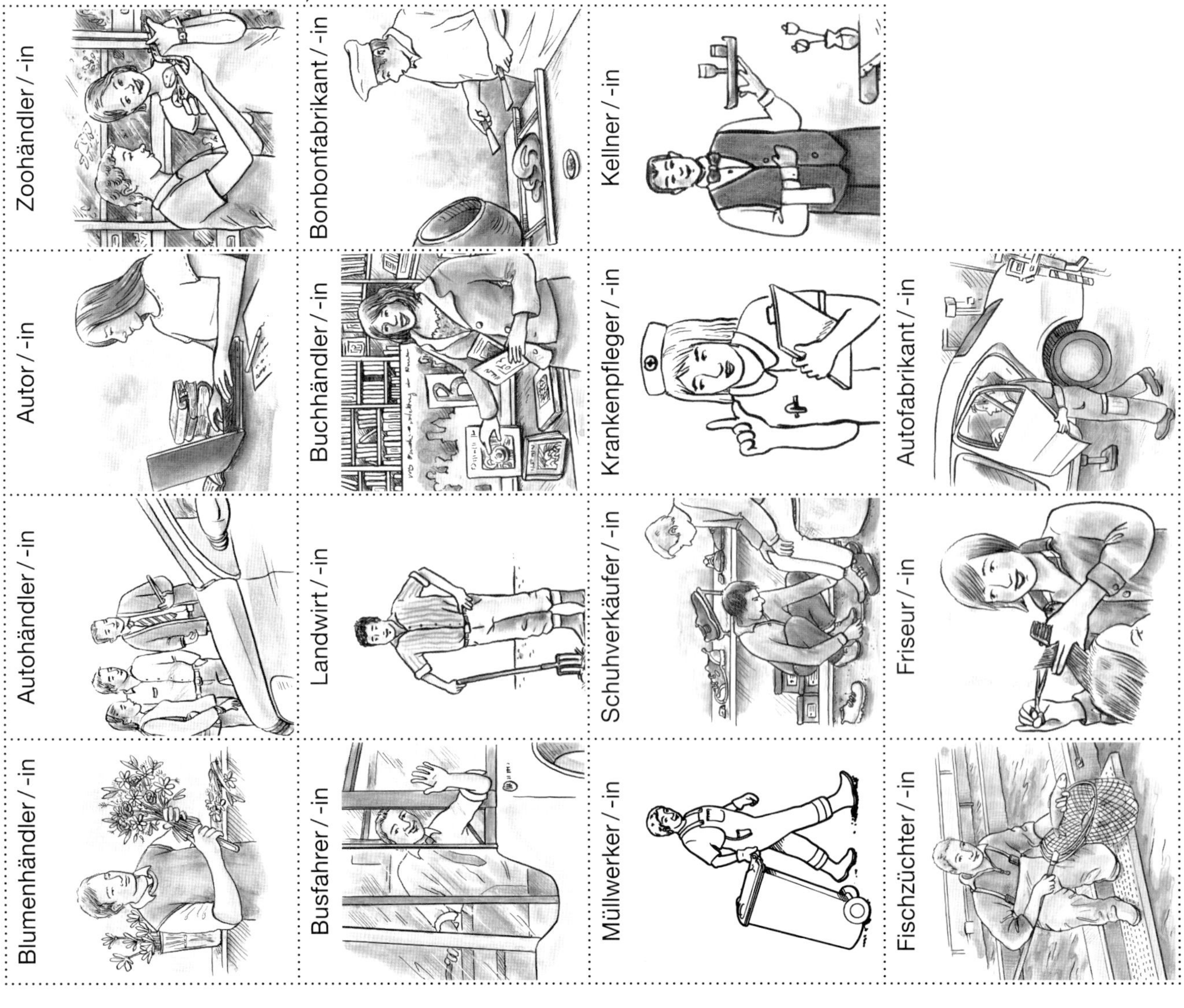

Zoohändler / -in

Autor / -in

Autohändler / -in

Blumenhändler / -in

Bonbonfabrikant / -in

Buchhändler / -in

Landwirt / -in

Busfahrer / -in

Kellner / -in

Krankenpfleger / -in

Schuhverkäufer / -in

Müllwerker / -in

Autofabrikant / -in

Friseur / -in

Fischzüchter / -in

Name: ______________________ Datum: ______________

11

Handel – Produktion – Dienstleistung (2)

Arbeit		
Handel	**Produktion**	**Dienstleistung**

BVK LW69 • Sabine Eickhoff: Lernwerkstatt „Beruf und Arbeit"

Name: ______________________ Datum: ______________

Zwei Familien, zwei Einkommen (1)

Familie Müller hat nicht viel Geld. Der Familienvater geht arbeiten, die Mutter bleibt zu Hause und betreut die Kinder. Daher fahren die Müllers auch nicht in den Urlaub und haben nur wenig Geld für Hobbys übrig.

Familie Schmitz hat mehr Geld als Familie Müller. Beide Eltern gehen arbeiten und verdienen recht viel. Sie können sich deshalb auch viel leisten. Am Monatsende bleibt noch einiges übrig, sodass auch ungeplante Reparaturen oder Neuanschaffungen ohne Schwierigkeiten bezahlt werden können.

	Familie Müller Vater (Gärtner), Mutter (Hausfrau), Konstantin (2 Jahre), Felix (6 Jahre)	**Familie Schmitz** Vater (Architekt), Mutter (Lehrerin), Madita (5 Jahre), Leon (10 Jahre)
Einkommen pro Monat		
Einkommen Vater	2 500 Euro	3 700 Euro
Einkommen Mutter	–	3 900 Euro
Kindergeld	388 Euro	388 Euro

Ausgaben pro Monat		
Steuern	800 Euro	2 900 Euro
Lebenshaltungskosten (Lebensmittel, Körperpflege, Kleidung, Versicherungen)	800 Euro	1 400 Euro
Nebenkosten (Strom, Wasser)	250 Euro	280 Euro
Miete	570 Euro	850 Euro
Hobbys und Freizeit (Fußballverein, Ballett, Zoobesuche, Kino …)	250 Euro	500 Euro
Autos und öffentliche Verkehrsmittel (Bus und Bahn)	50 Euro	400 Euro
Medien (Internet, Fernsehen, Telefon, Handy)	80 Euro	150 Euro
Schulbücher und Schreibwaren	20 Euro	20 Euro
Kinderbetreuung (Kindergarten, OGS, Babysitter)	–	400 Euro
Haustiere	40 Euro	–
Urlaub	–	350 Euro
Sparen	–	500 Euro

Überschuss	**24 Euro**	**234 Euro**

Name: ______________________________ Datum: __________________

12

Zwei Familien, zwei Einkommen (2)

Familie Schmitz hat ein durchschnittliches Monatseinkommen

von ______________________ (5 584 Euro / 7 984 Euro).

Sie hat die ____________________ (höchsten / niedrigsten)

Ausgaben für Hobbys und Freizeit sowie für den Urlaub. Für

ihren Urlaub spart Familie Schmitz jeden Monat _____________ (350 Euro / 530 Euro).

Frau Schmitz verdient __________________ (weniger / mehr) Geld als ihr Ehemann.

Die Kinder der Familie __________________ (Müller / Schmitz) können mehr Zeit mit

ihrer Mutter verbringen.

Familie __________________ (Müller / Schmitz)

muss auch Geld für ihre Haustiere einplanen.

Familie Müller hat kein Auto. Die Eltern und Kinder haben ein Jahresticket für

den Bus. Weitere Fahrten unternehmen sie mit der Bahn. Das kostet im Monat

____________________ (150 Euro / 50 Euro).

Am Monatsende hat Familie Müller __________________ (24 Euro / 34 Euro)

übrig. Familie Müller kann kein Geld sparen.

Wenn die Waschmaschine kaputtgeht, muss sie dafür woanders Geld einsparen,

zum Beispiel bei ___________________________ (der Miete / den Hobbys).

Familie Schmitz kauft oft Markenprodukte ein und am Wochenende geht die ganze

Familie gern im Restaurant essen.

Sie können sich auch Versicherungen leisten, die Familie Müller nicht hat.

Familie Schmitz gibt dadurch ______________________ (600 Euro / 900 Euro)

mehr für ihre Lebenshaltungskosten aus als Familie Müller.

Name: ______________________ Datum: ______________

Wo kann ein Tischler arbeiten? (1)

Viele Berufe kannst du in ganz unterschiedlichen Unternehmen und Betrieben ausüben. Obwohl du den gleichen Beruf hast, kann deine Arbeit in einem **Handwerksbetrieb** ganz anders aussehen als in einem **Industrieunternehmen.**

Als Tischler kannst du zum Beispiel in einem kleinen **Handwerksbetrieb** arbeiten und mit deinen Kunden besprechen, wie ihr Möbelstück aussehen soll. Das nennt man Maßanfertigung. Du planst das Möbelstück, besprichst die Holzart, machst Zeichnungen, baust das Möbelstück zusammen und bringst es deinem Kunden. Dabei machst du jeden einzelnen Arbeitsschritt selbst und erhältst Geld für das fertige Möbelstück. Deine Kunden kommen meist aus dem gleichen Ort, in dem deine eher kleine Werkstatt liegt. Es sind in der Regel einzelne Kunden und keine großen Unternehmen, die bei dir einkaufen.
Du hast ein paar Mitarbeiter, die auch Tischler sind, und vielleicht eine Sekretärin oder einen Sekretär. Außerdem hast du kleinere Maschinen wie eine Kreissäge und andere Werkzeuge.

Du hast als Tischler aber auch die Möglichkeit, in einem **Industrieunternehmen** zu arbeiten. So ein Unternehmen ist sehr groß und fertigt Möbel für große Möbelhäuser oder Hotels an.
Hier arbeitest du mit vielen anderen Tischlern an großen Maschinen. Deine Arbeitsschritte und Möbel sind oft vorgegeben. Meistens führst du nicht alle Arbeitsschritte aus, die nötig sind, bis das Möbelstück fertig ist. Jeder Mitarbeiter ist dann für einen einzigen Arbeitsschritt zuständig. Du hast auch nicht die Möglichkeit, deine eigenen Vorstellungen einzubringen. Es gibt Menschen, die entscheiden, wie das Möbelstück aussehen soll. Auch das Material wird zuvor festgelegt.
Häufig werden die Teile für das gleiche Möbelstück tausendfach gefertigt.
Die Möbel werden oftmals in die ganze Welt verkauft.
In einem solchen Industrieunternehmen arbeiten nicht nur Tischler, sondern auch Sekretäre, Kaufmänner und -frauen, Lackierer und Sicherheitsleute.

Name: ______________________________ Datum: ____________________

Wo kann ein Tischler arbeiten? (2)

	Handwerksunternehmen	Industrieunternehmen
Was wird gefertigt?		
Wie groß ist das Arbeitsgelände?		
Wie viele Menschen arbeiten dort?		
Welche Berufe gibt es dort?		
Wer kauft dort ein?		
Wohin wird verkauft?		

Name: ______________________ Datum: ______________

14

Carl Benz – Erfinder des Autos

Im Jahr 1886 erfand Carl Friedrich Benz das erste Auto. Den „Benz Patent-Motorwagen Nummer 1“ siehst du auf dem Bild unten. Zunächst wurde Carl Benz für seine Erfindung nur ausgelacht. Die Menschen nannten sein Gefährt „Kutsche ohne Pferde“. Sie konnten nicht verstehen, warum man nicht weiterhin mit Pferden oder der Eisenbahn reisen sollte. Doch Carl Benz blieb hartnäckig. Er entwickelte seine Erfindung weiter und konnte nach der Weltausstellung in Paris endlich sein erstes Fahrzeug verkaufen. Nur sehr reiche Familien konnten sich dieses Auto leisten.

Richtig oder falsch?	🙂	🙁
Carl Benz erfand das erste Auto.	A	E
Die Räder sahen aus wie Fahrradreifen.	U	I
Man blieb schon im ersten Auto bei Regen trocken.	S	T
Das Lenkrad sah anders aus als in heutigen Autos.	O	E
Man benötigte Pferde, damit das Auto fuhr.	N	M
Zuerst wollte niemand so ein Fahrzeug haben.	O	D
Carl Benz musste hart für seine Idee kämpfen.	B	H
Nach der Weltausstellung in London verkaufte sich sein Auto gut.	N	I
Die ersten Autos konnte sich jeder leisten.	C	L

Lösungswort: __ __ __ __ __ __ __ __ __

BVK LW69 • Sabine Eickholt: Lernwerkstatt „Beruf und Arbeit“

Name: ______________________ Datum: ______________

Der Bergmann – Ein Beruf stirbt aus (1)

Früher haben viele Menschen in Bergwerken gearbeitet. Das waren die Bergleute oder Bergmänner. Sie holten Stoffe wie Salz oder Kohle aus der Erde. Kohle wurde damals oft zum Heizen mit Kohleöfen genutzt. Heute wird sie vor allem für die Stromerzeugung genutzt.
Rund 1 400 Meter unter der Erde findet auch heute noch in einigen Bergwerken der Kohleabbau statt. Die Bergmänner heißen heute Bergmechaniker / -innen. Mit dem Förderkorb – einer Art Aufzug – geht es durch den Schacht tief in die Erde. Unten angekommen, muss der / die Bergmechaniker / -in oft noch lange Strecken zu Fuß zurücklegen, um zum eigentlichen Arbeitsort zu kommen. Unter Tage – so nennt man den Arbeitsort in einem Berg – ist es bis zu 30 °C heiß. Der / die Bergmechaniker / -in baut hier Kohle oder Salz ab, legt Stollen an und repariert oder kontrolliert Maschinen. Nach und nach werden in Deutschland jedoch Kohle-Bergwerke geschlossen, weil Energie für Strom heute anders gewonnen werden kann. Auch Kohleheizungen betreibt kaum noch jemand. Daher stirbt dieser Beruf bei uns langsam aus. In anderen Ländern gibt es aber noch Bergmechaniker / -innen.

Stillgelegter Förderturm der Zeche Zollverein in Essen. Eine Zeche ist ein Bergwerk.

Bergmechaniker mit Helm

Stollen (Gang im Berg)

Bis 1960 zogen noch Pferde Kohlewagen wie diese.

Name: ______________________ Datum: ______________

Der Bergmann – Ein Beruf stirbt aus (2)

1. Um Strom zu gewinnen, wird … abgebaut.
2. Bergleute schützen ihren Kopf mit einem …
3. Unter Tage ist es etwa 30 °C …
4. Bis 1960 wurden die Kohlewagen noch von … gezogen.
5. Mit dem Förderkorb fahren die Bergleute durch den … in die Erde.
6. Bergleute bauen Kohle oder auch … ab.
7. Ein / -e Bergmechaniker / -in kontrolliert …
8. Früher arbeiteten viele Männer in …
9. Der Beruf des Bergmanns stirbt jedoch langsam aus, weil die meisten Bergwerke … werden.
10. Im Berg werden … angelegt, um an die Kohle zu gelangen.

8. ↓ 4. → 6. ↓ 5. ↓ 9. → 3. → 7. ↓ 2. → 10. → 1. →

Lösungswort:

___ ___ ___ ___ ___ ___ ___ ___
1 2 3 4 5 6 7 8

BVK LW69 • Sabine Eickholt: Lernwerkstatt „Beruf und Arbeit“

Name: ______________________ Datum: ______________

16

Brücken bauen – Versuche dich als Architekt / -in und Ingenieur / -in

Du brauchst:
1 Spielzeugauto aus Metall, Papierbögen, 1 Schere, Kleber, 1 Arbeitspartner

So geht es:

1. Schaut euch die unterschiedlichen Brückenarten unten genau an.
2. Baut eine Brücke aus Papier. Sie soll so stabil sein, dass sie mindestens ein Spielzeugauto trägt und einen kleinen Tischspalt überwinden kann. Wo wird das Auto am meisten Kraft auf die Brücke ausüben? Schreibt eure Vermutung auf.
3. Probiert aus, ob die Brücke das Auto trägt. Überlegt, wie ihr die Brücke noch stabiler machen könnt. Wie muss die Brücke gebaut sein, damit sie das Auto am besten trägt? Schreibt eure Beobachtungen auf.
4. Fertigt anschließend eine Skizze eurer Brücke in eurem Lerntagebuch an.

Meine Vermutung:

____

____

____

____

Meine Beobachtungen:

____

____

____

____

Hängebrücke (Golden Gate Bridge, San Francisco, USA)

Balkenbrücke (Sylvensteinbrücke, Bayern, Deutschland)

Bogenbrücke (Pont du Gard, Nîmes, Frankreich)

Name: ______________________________ Datum: __________________ **17**

Stoffe trennen – Versuche dich als Chemiker / -in

Du brauchst:

1 EL Sand, 1 EL Salz, 50 ml Wasser, 1 Kerze oder 1 Teelicht, 1 Stövchen, 1 Feuerzeug, 1 große Schüssel, Filterpapier, 2 feuerfeste Gläser, 1 Rührlöffel, 1 Eimer mit Wasser, 1 Arbeitspartner

So geht es:

1. Stellt einen Eimer mit Wasser bereit, sodass ihr ein Feuer im Fall eines Brands schnell löschen könnt.
2. Vermischt in der Schüssel den Sand mit dem Salz.
3. Versucht nun, Sand und Salz wieder voneinander zu trennen. Fügt dem Gemisch dafür das Wasser hinzu. Rührt kräftig um.
4. Stellt das Filterpapier in eines der Gläser. Schüttet das Gemisch durch das Papier. Dabei müsst ihr den Filter festhalten.
5. Stellt nun das gefilterte Wasser auf das Stövchen, entzündet die Kerze oder das Teelicht, stellt sie in das Stövchen und wartet ab. **Behaltet die Flamme gut im Blick und achtet darauf, die Kerze oder das Teelicht nicht umzustoßen!** Was passiert wohl? ✎ Schreibt eure Vermutung auf.
6. Was ist passiert? ✎ Notiert eure Beobachtungen. Wie erklärt ihr euch den Vorgang? ✎ Schreibt auf.

Meine Vermutung:

____

____

____

Meine Beobachtungen:

____

____

____

Meine Erklärung:

____

____

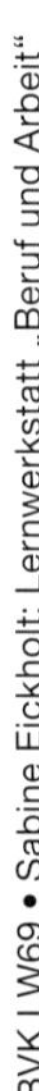

Name: ______________________ Datum: ______________

18

Suchsel: Körperliche oder geistige Arbeit? (1)

Für manche Berufe benötigst du deinen Kopf mehr als die Muskeln. Für diese Berufe musst du meist viel und lang lernen. Auch nutzt du in solchen Berufen oft einen Computer oder kommst häufig mit anderen Menschen ins Gespräch.

Bei handwerklichen Berufen kommt es nicht nur darauf an, dass du dein Handwerk gut kennst, sondern du musst auch die nötige Kraft und Ausdauer haben, um deinen Beruf ausüben zu können. Ein Maurer, der keine Steine oder Zementsäcke schleppen kann, wird nicht erfolgreich in seinem Beruf sein.

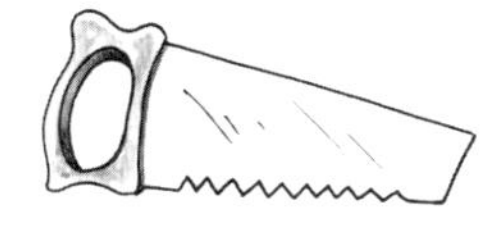

Z	A	D	A	C	H	D	E	C	K	E	R	M
L	E	H	R	E	R	I	N	H	R	E	R	Ü
I	M	Ä	L	E	L	A	T	E	K	N	N	L
B	A	N	K	K	A	U	F	M	A	N	N	L
X	U	Z	C	M	N	T	B	I	K	Ä	L	W
U	R	T	Ü	N	D	O	V	K	E	K	Y	E
O	E	P	M	O	W	R	E	E	U	Z	M	R
L	R	Ü	L	P	I	X	P	R	Ä	L	I	K
R	U	O	M	M	R	V	E	W	S	Q	E	E
A	R	C	H	I	T	E	K	T	I	N	Ö	R
A	L	T	E	N	P	F	L	E	G	E	R	I
R	A	Ü	T	E	N	R	A	F	E	T	A	N

Name: ______________________ Datum: ______________

Suchsel: Körperliche oder geistige Arbeit? (2)

Waagerecht:

1. Einen Mann, der Dächer deckt, nennt man ______________________ .
2. Eine Frau, die Kinder unterrichtet, ist ______________________ .
3. Ein Mann, der in einer Bank arbeitet, ist ______________________ .
4. Eine Frau, die Häuser entwirft, heißt ______________________ .
5. Einen Mann, der alte Menschen pflegt, nennt man ______________________ .

Senkrecht:

6. Ein Mann, der Häuser mauert, heißt ______________________ .
7. Einen Mann, der Tiere züchtet oder Früchte erntet, nennt man ______________________ .
8. Ein Mann, der Stoffe zusammenfügt oder voneinander trennt, ist ______________________ .
9. Eine Frau, die bei der Müllabfuhr arbeitet, nennt man ______________________ .
10. Ein Mann, der Bücher schreibt, ist ______________________ .

körperliche Arbeit	**geistige Arbeit**

Mein Berufe-Stammbaum

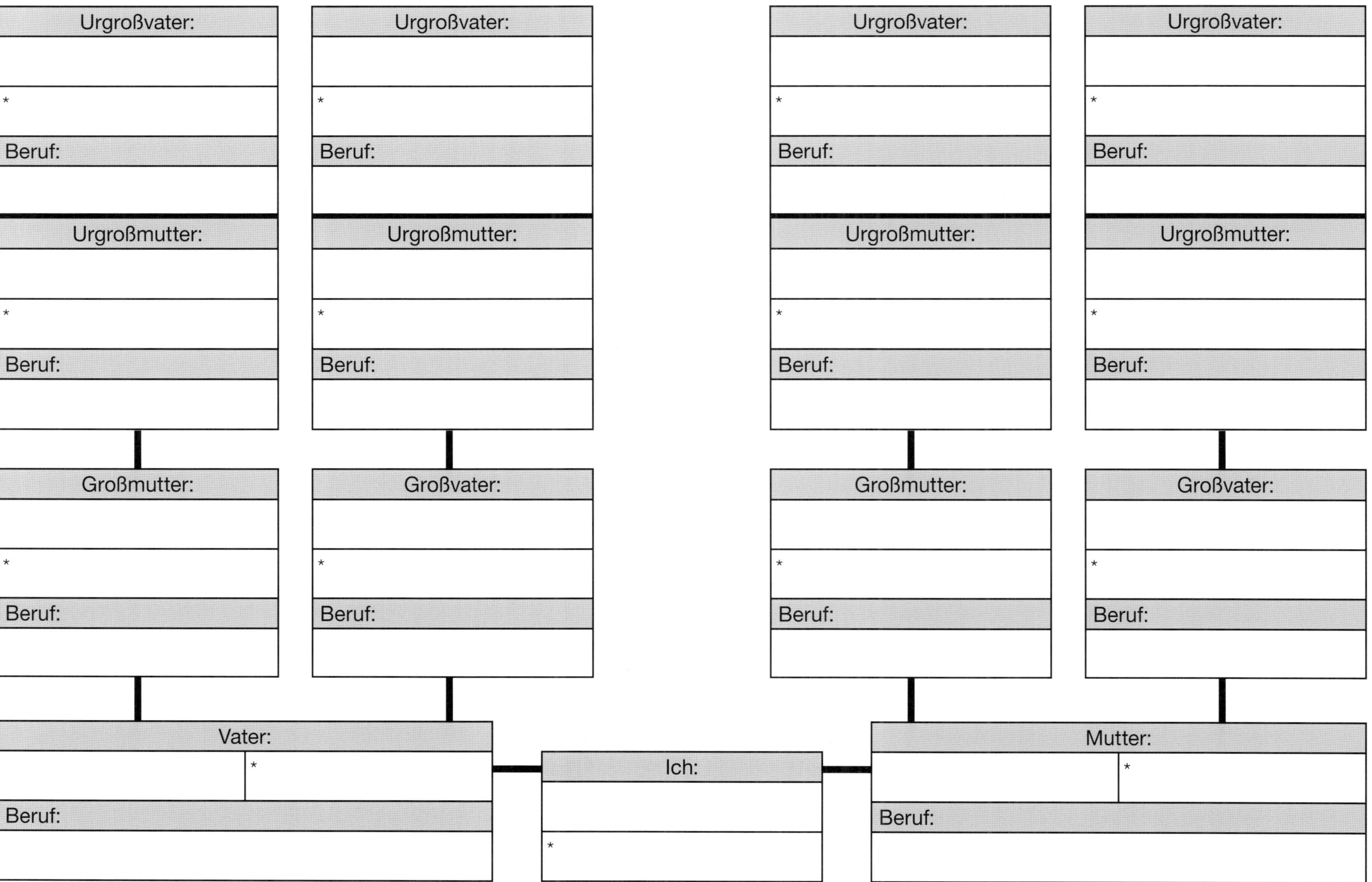

Name: ______________________ Datum: ______________

Feuer löschen im Wandel der Zeit

1

R Heute kommen bei einem Brand viele Feuerwehrfahrzeuge zum Einsatz. Der Einsatzleitwagen, das Drehleiterfahrzeug und das Löschgruppenfahrzeug sind nur einige von ihnen. Zur Ausrüstung der Feuerwehrleute gehört besondere Schutzkleidung.

2

E Kurze Zeit später wurden die Feuerspritzen von Feuerwehrpferden zu den Einsatzorten gebracht. So konnten die Feuerwehrleute schneller am Einsatzort sein, um den Brand zu löschen.

3

EU Erst im Jahr 1847 tauchte das Wort „Feuerwehr“ auf. Die damaligen Feuerwehrleute brachten einfache Leiterwagen und Feuerspritzen zum Löschen zu den Brandorten. Diese Feuerspritzen bedienten sie mit den Händen. Ihre Köpfe schützten sie mit schweren Stahlhelmen.

4

F Viele Jahre lang konnten Brände nur mit Hilfe vieler Menschen gelöscht werden. Sie bildeten Löschketten, die bei einem Brunnen anfingen. Von dort aus wurden Eimer aus Leder mit Wasser gefüllt und von Hand zu Hand weitergereicht, bis sie schließlich das brennende Gebäude erreichten. So konnte ein Feuer aber nur schwer eingedämmt werden und es kam häufig zu großen Stadtbränden.

Lösungswort: ______________________

BVK LW69 • Sabine Eickholt: Lernwerkstatt „Beruf und Arbeit“

Name: ____________________ Datum: ____________________

Verschiedene Arbeitsformen

Ich bin bei einer Zeitarbeitsfirma angestellt. So eine Firma verleiht mich für eine bestimmte Zeit an andere Firmen. Deshalb arbeite ich zwar immer als Zimmermann, mache aber nie das Gleiche. Manchmal kann ich nicht arbeiten gehen, weil niemand mich braucht. Ich verdiene nicht viel und muss mich schnell an neue Umgebungen gewöhnen. Es ist aber auch spannend, immer neue Firmen und Menschen kennenzulernen.

Mein Arbeitstag beginnt um 6:00 Uhr und endet etwa um 20:00 Uhr. Ich wasche, bügle, koche, putze, kaufe ein und kümmere mich um meine Kinder. Zwischendurch kann ich auch mal einen Kaffee trinken gehen oder eine Freundin besuchen.

Ich helfe gern im Altenheim aus. Dann lese ich den alten Damen und Herren etwas vor, kaufe für sie ein oder gehe mit ihnen spazieren. Hierfür bekomme ich kein Geld, aber Lob und Anerkennung. Es ist mir eine Ehre zu helfen.

Ich bin selbstständig und somit mein eigener Chef. Ich putze bei Familien, in Büros und in Schulen die Fenster. Wenn ich krank bin oder in den Urlaub fahre, kann ich kein Geld verdienen. Deshalb habe ich lange Arbeitstage und nur selten frei. Ich lege Geld zurück, falls ich krank oder alt werde und nicht mehr arbeiten kann. An manchen Tagen verdiene ich viel Geld. An anderen Tagen weiß ich nicht, wie ich meine Rechnungen bezahlen soll.

Ich bin Krankenschwester. Ich arbeite im Schichtdienst, also manchmal nachts, manchmal morgens und an anderen Tagen nachmittags. Deshalb kann ich nur schwer einem Hobby nachgehen, denn ich habe selten feste Arbeitszeiten. Auch an Feiertagen oder am Wochenende muss ich regelmäßig arbeiten.

Zeitarbeiter	Hausfrau	Selbstständiger	Schichtarbeiterin	Ehrenämtler

Lösungen

Zu Werkbereich 4: „Der passende Beruf“:
Leonie – Friseurin, Sofie – Tierärztin,
Max – Fotograf, Lisa – Polizistin,
Konstantin – Kfz-Mechatroniker, Felix – Kinderarzt

Zu Werkbereich 8: „Das verdiene ich“:
1. Tierpfleger / -in: ca. 1 800 Euro • 2. Feuerwehrmann / -frau: ca. 1 900 Euro • 3. Bäcker / -in: ca. 2 100 Euro • 4. Sekretär / -in: ca. 2 400 Euro • 5. Erzieher / -in: ca. 2 300 Euro • 6. Gärtner / -in: ca. 2 500 Euro • 7. Postbot(e) / -in: ca. 2 700 Euro • 8. Architekt / -in: ca. 3 800 Euro • 9. Lehrer / -in: ca. 3 900 Euro • 10. Richter / -in: ca. 5 300 Euro

Zu Werkbereich 10: „Der Landwirt – hier und auf Madagaskar“, (Arbeitsblatt (2)):
Lösungssatz: Die Arbeitsbedingungen bei den Landwirten sind sehr **verschieden.**

Zu Werkbereich 11: „Handel – Produktion – Dienstleistung“: Handel: Blumenhändler / -in, Autohändler / -in, Zoohändler / -in, Buchhändler / -in, Schuhverkäufer / -in
Produktion: Autor / -in, Landwirt / -in, Bonbonfabrikant / -in, Fischzüchter / -in, Autofabrikant / -in
Dienstleistung: Busfahrer / -in, Müllwerker / -in, Krankenpfleger / -in, Kellner / -in, Gärtner / -in

Zu Werkbereich 12: „Zwei Familien, zwei Einkommen“:
1) 7 984 Euro, 2) höchsten, 3) 350 Euro, 4) mehr, 5) Müller, 6) Müller, 7) 50 Euro, 8) 24 Euro, 9) den Hobbys, 10) 600 Euro

Zu Werkbereich 13: „Wo kann ein Tischler arbeiten?“:
Handwerksunternehmen: Möbelstücke / Maßanfertigungen; eher klein; ein paar Mitarbeiter; Tischler / -in; Privatkunden / einzelne Kunden aus dem Ort; in die nächste Umgebung / in den Ort, in dem die Werkstatt liegt
Industrieunternehmen: Möbel / Möbelteile; sehr groß; viele andere Menschen; Tischler / -in, Sekretäre, Kaufmänner und -frauen, Lackierer, Sicherheitsleute; große Möbelhäuser und Hotelketten; in die ganze Welt

Zu Werkbereich 14: „Carl Benz – Erfinder des Autos“: Lösungswort: AUTOMOBIL

Zu Werkbereich 15: „Der Bergmann – Ein Beruf stirbt aus“:

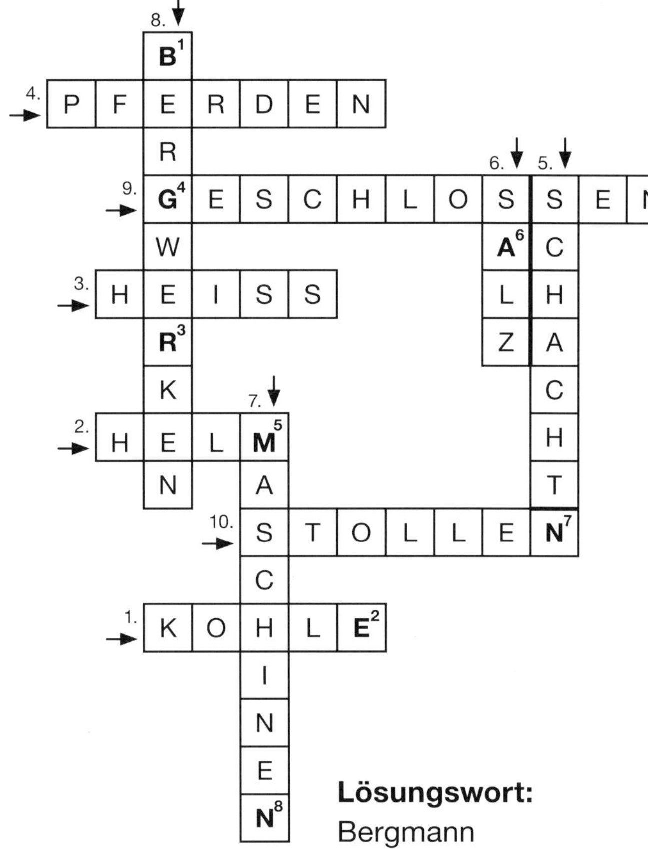

Lösungswort:
Bergmann

Zu Werkbereich 18 : „Körperliche oder geistige Arbeit?“:

		D	A	C	H	D	E	C	K	E	R	M
L	E	H	R	E	R	I	N	H				Ü
	M				L	A		E				L
B	A	N	K	K	A	U	F	M	A	N	N	L
	U				N	T		I				W
	R				D	O		K				E
	E				W	R		E				R
	R				I			R				K
					R							E
A	R	C	H	I	T	E	K	T	I	N		R
A	L	T	E	N	P	F	L	E	G	E	R	I
												N

körperliche Arbeit	geistige Arbeit
Dachdecker	Lehrerin
Altenpfleger	Bankkaufmann
Maurer	Architektin
Landwirt	Chemiker
Müllwerkerin	Autor

Zu Werkbereich 20: „Feuer löschen im Wandel der Zeit“: Lösungswort: Feuer